"十三五"高等职业教育核心课程规划教材·汽车类

汽车底盘实训实习工作页

主编 车万华 刘 成
主审 刘利胜

西安交通大学出版社

内容简介

本工作页主要内容共包括三部分,汽车底盘构造实训工作页、汽车底盘拆装实习工作页、汽车底盘检测与维修实训工作页,内容涵盖汽车底盘主要总成零部件的结构、原理、拆装和检修。

本工作页可作为高职院校汽车类相关专业底盘课程的实训实习教学使用,也可作为相关行业技术人员培训学习的参考用书。

图书在版编目(CIP)数据

汽车底盘实训实习工作页/车万华,刘成主编. —西安:
西安交通大学出版社,2019.8(2021.1重印)
ISBN 978-7-5693-1286-7

Ⅰ. ①汽… Ⅱ. ①车… ②刘… Ⅲ. ①汽车-底盘-
车辆修理 Ⅳ. ①U472.41

中国版本图书馆 CIP 数据核字(2019)第 176787 号

书　　名	汽车底盘实训实习工作页
主　　编	车万华　刘　成
责任编辑	雷萧屹
出版发行	西安交通大学出版社 (西安市兴庆南路 1 号　邮政编码 710048)
网　　址	http://www.xjtupress.com
电　　话	(029)82668357　82667874(发行中心) (029)82668315(总编办)
传　　真	(029)82668280
印　　刷	陕西金德佳印务有限公司
开　　本	787mm×1092mm　1/16　印张 5.25　字数 122 千字
版次印次	2019 年 8 月第 1 版　2021 年 1 月第 2 次印刷
书　　号	ISBN 978-7-5693-1286-7
定　　价	18.00 元

读者购书、书店添货,如发现印装质量问题,请与本社发行中心联系、调换。
订购热线:(029)82665248　(029)82665249
投稿信箱:850905347@qq.com

版权所有　侵权必究

前 言

本工作页是《汽车底盘实训实习指导书》的配套工作页,也是汽车底盘构造、汽车底盘拆装实习、汽车底盘检测与维修三大课程实训实习部分的实操记录单。

本工作页主要内容包括三部分,分别是汽车底盘构造实训工作页、汽车底盘拆装实习工作页、汽车底盘检测与维修工作页,其中汽车底盘构造具体包含实训项目12项,汽车底盘拆装实习包含实操项目4项,汽车底盘检测与维修包含实操项目13项。内容涵盖汽车底盘主要总成零部件的结构、原理、拆装和检修。本工作页还包括汽车底盘拆装实习和汽车底盘检测与维修的考核工作页和考核评分标准,考核工作页与《汽车底盘实习实训指导书》相对应,是以国内保有量较大的大众车系为主制定的考核评分标准。

本书由车万华、刘成主编,刘利胜主审。由于编者水平有限,书中难免有不当之处,恳请读者和专家指正。

编 者

2019 年 3 月

目 录

第一篇 汽车底盘构造实训

实训一　汽车底盘总体结构认识……………………………………………………(2)
实训二　膜片弹簧离合器的结构和工作原理………………………………………(4)
实训三　汽车变速器的结构和工作原理……………………………………………(6)
实训四　驱动桥的结构和工作原理…………………………………………………(8)
实训五　万向传动装置的结构和工作原理…………………………………………(10)
实训六　悬架的结构和工作原理……………………………………………………(12)
实训七　双向作用筒式减震器的结构和工作原理…………………………………(14)
实训八　汽车转向系统的结构和工作原理…………………………………………(16)
实训九　汽车制动系统——制动器的结构和工作原理……………………………(18)
实训十　汽车制动系统——汽车制动主缸的结构和工作原理……………………(20)
实训十一　汽车制动系统——汽车真空助力器的结构和工作原理………………(22)
实训十二　汽车制动系统——汽车ABS系统的结构和工作原理…………………(24)

第二篇 汽车底盘拆装实习

实训一　传动系拆装…………………………………………………………………(27)
实训二　行驶系拆装…………………………………………………………………(29)
实训三　转向系拆装…………………………………………………………………(31)
实训四　制动系拆装…………………………………………………………………(33)
附录　汽车底盘拆装实习考核工作页………………………………………………(35)

第三篇 汽车底盘检测与维修实训

实训一　离合器从动盘的更换………………………………………………………(40)
实训二　手动变速器齿轮油的更换…………………………………………………(42)
实训三　万向节、传动轴的检查与更换……………………………………………(44)

实训四　减震器、螺旋弹簧的检查与更换 …………………………………………（46）
实训五　车轮动平衡的检查调整 …………………………………………………（48）
实训六　轮胎换位操作 ……………………………………………………………（50）
实训七　四轮定位的检查与调整 …………………………………………………（52）
实训八　扒胎和装胎 ………………………………………………………………（54）
实训九　转向助力液的检查与更换 ………………………………………………（56）
实训十　制动液的检查与更换 ……………………………………………………（58）
实训十一　制动块的检查与更换 …………………………………………………（60）
实训十二　真空助力器的检查与更换 ……………………………………………（62）
实训十三　ABS系统故障检修 ……………………………………………………（64）
附录　汽车底盘检修考核工作页 …………………………………………………（66）

第一篇 汽车底盘构造实训

实训一 汽车底盘总体结构认识

一、实训目的和要求
1. 了解汽车的组成。
2. 熟知汽车底盘的四大系统和各系统主要零部件的安装位置。
3. 了解汽车底盘的四大系统的作用及简单的原理。

二、实训设备（学生填写）

三、实训内容（学生填写）
1. 汽车由哪四大部分组成？
2. 汽车底盘由哪四大系统组成？
3. 机械式传动系的布置形式（FR）（FF）（RR）（4WD）（MR）代表的意义。
4. 画出汽车传动系的组成简图（发动机前置后轮驱动和发动机前置前轮驱动）。

实训二 膜片弹簧离合器的结构和工作原理

一、实训目的和要求

1. 掌握普通膜片弹簧离合器的基本组成和工作原理。
2. 掌握捷达轿车膜片弹簧离合器的基本组成和工作原理。
3. 掌握离合器操纵机构的类型、构造和工作原理。

二、实训设备（学生填写）

三、实训内容（学生填写）

1. 离合器的功用。
2. 离合器的基本组成。
3. 离合器的工作原理。

实训三　汽车变速器的结构和工作原理

一、实训目的和要求

　　1. 正确叙述两轴式变速器各挡位的动力传动路线。
　　2. 正确叙述三轴式变速器各挡位的动力传动路线。
　　3. 掌握锁环式同步器(或锁销式同步器)的功用、结构和工作原理。
　　4. 了解手动变速器的自锁和互锁的安装位置、结构与原理。

二、实训设备(学生填写)

三、实训内容(学生填写)

　　1. 依次说明两轴式变速器中齿轮与轴的配合关系。
　　2. 两轴式变速器一挡、三挡、五挡、倒挡的工作路线。
　　3. 变速器自锁和互锁的作用。
　　4. 三轴式变速器一挡、三挡、五挡、倒挡的工作路线。
　　5. 锁环式同步器的结构。

实训四 驱动桥的结构和工作原理

一、实训目的和要求

1. 正确描述驱动桥的功用、组成。
2. 正确叙述单级主减速器的构造和工作原理。
3. 正确描述差速器的构造和工作原理。

二、实训设备（学生填写）

三、实训内容（学生填写）

1. 驱动桥的组成。
2. 驱动桥的功用。
3. 单级主减速器的结构和工作原理。
4. 差速器的结构和工作原理。
5. 为什么要有差速器？

实训五　万向传动装置的结构和工作原理

一、实训目的和要求

1. 认识汽车万向传动装置外部可见的零部件。
2. 简述万向传动装置的功用。
3. 简述万向节的类型和结构。
4. 正确描述不同类型的汽车万向传动装置的布置形式及装配特点。

二、实训设备（学生填写）

三、实训内容（学生填写）

1. 万向传动装置在汽车上的应用主要包括哪几个方面？
2. 球笼万向节的结构和工作原理。
3. 十字轴万向节最大的转角。球笼式万向节最大的转角。

实训六 悬架的结构和工作原理

一、实训目的和要求

1. 了解行驶系的组成。
2. 熟悉悬架的组成和各组成部分的作用。
3. 了解电控悬架的组成及工作原理。

二、实训设备(学生填写)

三、实训内容(学生填写)

1. 悬架的分类。
2. 麦弗逊悬架的组成及各组成部分的作用。
3. 电控悬架的功用。
4. 电控悬架的工作原理。

实训七 双向作用筒式减震器的结构和工作原理

一、实训目的和要求

    1. 掌握双向作用筒式减震器的结构。

    2. 掌握双向作用筒式减震器的工作原理。

二、实训设备（学生填写）

三、实训内容（学生填写）

    1. 双向作用筒式减震器的安装位置、作用。

    2. 双向作用筒式减震器的结构。

    3. 双向作用筒式减震器的工作原理。

实训八　汽车转向系统的结构和工作原理

一、实训目的和要求
  1. 转向系的组成和各部分的作用。
  2. 液压助力式转向系的结构与工作原理。
  3. 电子助力式转向系的结构与工作原理。

二、实训设备（学生填写）

三、实训内容（学生填写）
  1. 液压助力式转向系的组成。
  2. 液压助力式转向系的工作原理（转阀式）。
  3. 电子助力式转向系的组成。

实训九　汽车制动系统——制动器的结构和工作原理

一、实训目的和要求

1. 了解制动器的安装位置、作用。
2. 掌握盘式车轮制动器的结构和工作原理。

二、实训设备（学生填写）

三、实训内容（学生填写）

1. 液压制动系统的组成和各组成部分的安装位置。
2. 制动器的安装位置、作用。
3. 领从蹄式制动器的结构和原理。
4. 浮钳盘式制动器的结构。
5. 浮钳盘式制动器的原理。

实训十 汽车制动系统——汽车制动主缸的结构和工作原理

一、实训目的和要求

1. 了解制动主缸的安装位置、作用。
2. 掌握制动主缸的结构。
3. 掌握双腔串联制动主缸的工作原理。

二、实训设备（学生填写）

三、实训内容（学生填写）

1. 制动主缸的作用和安装位置。
2. 制动主缸的结构。
3. 双腔串联制动主缸的工作原理。

实训十一　汽车制动系统——汽车真空助力器的结构和工作原理

一、实训目的和要求

1. 了解真空助力器的安装位置、作用。
2. 掌握真空助力器的结构。
3. 掌握真空助力器的工作原理。

二、实训设备（学生填写）

三、实训内容（学生填写）

1. 真空助力器的作用和安装位置。
2. 真空助力器的结构。
3. 真空助力器的工作原理。

实训十二　汽车制动系统——汽车 ABS 系统的结构和工作原理

一、实训目的和要求

  1. 了解 ABS 系统的安装位置、作用。
  2. 掌握汽车 ABS 系统的结构。
  3. 掌握大众 ABS 系统的工作原理。

二、实训设备（学生填写）

三、实训内容（学生填写）

  1. 汽车 ABS 系统的作用和安装位置。
  2. 汽车 ABS 系统的结构。
  3. 汽车 ABS 系统的工作原理。

第二篇　汽车底盘拆装实习

实训一　传动系拆装

一、实训目的和要求

1. 熟悉汽车传动系的所有总成和零部件从整车上拆卸的方法及步骤。
2. 熟悉汽车传动系的所有总成和零部件安装到整车上的方法及步骤。
3. 熟悉手动变速器及主减速器差速器的解体方法及安装步骤。

二、实训设备（学生填写）

三、实习工作页（学生填写）

1. 传动系拆装具体使用了哪些工具、设备（具体的工具及工具的型号）？
2. 传动系的组成及各总成的作用。
3. 变速器总成拆卸的流程。
4. 变速器总成安装的注意事项。
5. 传动系拆装经验总结。

实训二　行驶系拆装

一、实训目的和要求

1. 熟悉汽车行驶系的所有总成和零部件从整车上拆卸的方法及步骤。
2. 熟悉汽车行驶系的所有总成和零部件安装到整车上的方法及步骤。

二、实训设备（学生填写）

三、实习工作页（学生填写）

1. 行驶系拆装具体使用了哪些工具、设备（具体的工具及工具的型号）？
2. 行驶系的组成及各组成部分的作用。
3. 前悬架拆装流程。
4. 行驶系安装的注意事项。
5. 行驶系拆装经验总结。

实训三　转向系拆装

一、实训目的和要求

1. 熟悉汽车转向系的所有总成和零部件从整车上拆卸的方法及步骤。
2. 熟悉汽车转向系的所有总成和零部件安装到整车上的方法及步骤。
3. 熟悉汽车转向系的组成。

二、实训设备（学生填写）

三、实习工作页（学生填写）

1. 转向系拆装具体使用了哪些工具、设备（具体的工具及工具的型号）？
2. 液压助力转向系的组成。
3. 液压助力转向系总成拆卸流程。
4. 转向系安装的注意事项。
5. 转向系拆装经验总结。

实训四　制动系拆装

一、实训目的和要求

1. 熟悉汽车制动系的所有总成和零部件从整车上拆卸的方法及步骤。
2. 熟悉汽车制动系的所有总成和零部件安装到整车上的方法及步骤。
3. 熟悉驻车制动系统和行车制动系统的组成。

二、实训设备（学生填写）

三、实习工作页（学生填写）

1. 制动系拆装具体使用了哪些工具、设备（具体的工具及工具的型号）？
2. 制动系的组成。
3. 制动系总成拆卸的流程。
4. 制动系总成安装的注意事项。
5. 制动系拆装经验总结。

附录　汽车底盘拆装实习考核工作页

实习考核工作页【01】：汽车传动系的拆装

姓名		学号		班级		组别	
姓名		学号					

实际操作项目(90分)	知识问答项目(10分)
1.填写以下内容： ①车型名称。 ②年款，行驶里程。 ③日期，车辆牌号。 2.实际操作前的准备。 ①变速器是否空挡？□是；□否。 ②变速器外观的检查是否有裂纹？□是；□否。 ③使用的工具：	相关知识问答： ①传动系的组成及各总成的作用。 ②主减速器及差速器的组成。

实操考核——变速器总成的拆装(时间：60 min)

序号	考核内容	配分	评分标准	总分数	得分
1	正确选择使用工具、仪器	10分	工具、仪器的选择，使用不当一次扣2分	10分	
2	实际操作的准备工作	5分	拆卸变速器放油孔螺栓放油	2分	
			放净油后安装放油孔螺栓	2分	
			变速器是否空挡	1分	
3	实际操作过程	60分	正确地拆卸变速器壳体、齿轮、轴、轴承、同步器	30分	
			正确地安装变速器，使变速器恢复原状	30分	
4	整理工具、仪器，清理现场	5分	每缺一项扣2分，最多扣5分	5分	
5	安全文明生产	5分	违章操作，发生人身和设备损伤事故，记0分	5分	
6	按时完成任务	5分	每超时2 min扣1分，超时10 min结束考核	5分	
7	回答问题	10分	每题(两名学生分别回答知识问答项目中①、②题)10分	10分	
8	分数合计				

操作时间：　　　　　　　考核教师：　　　　　　　　　　年　月　日

实习考核工作页【02】：汽车行驶系的拆装

姓名		学号		班级		组别	
姓名		学号					

实际操作项目(90分)	知识问答项目(10分)
1.填写以下内容： 　①车型名称。 　②年款，行驶里程。 　③日期，车辆牌号。 2.实际操作前的准备。 　①查看举升器是否把汽车升稳。□是；□否。 　②使用的工具：	相关知识问答： 　①行驶系的组成。 　②麦弗逊式悬架的组成。

实操考核——前悬架总成的拆装(时间：60 min)

序号	考核内容	配分	评分标准	总分数	得分
1	正确选择使用工具、仪器	10分	工具、仪器的选择，使用不当一次扣2分	10分	
2	实际操作的准备工作	5分	举升器是否把汽车升稳	5分	
3	实际操作过程	60分	正确地拆卸车轮、减震器及弹簧、横向稳定杆、横拉杆摆臂等	30分	
			正确地安装车轮、减震器及弹簧、横向稳定杆、横拉杆、摆臂等	30分	
4	整理工具、仪器，清理现场	5分	每缺一项扣2分，最多扣5分	5分	
5	安全文明生产	5分	违章操作，发生人身和设备损伤事故，记0分	5分	
6	按时完成任务	5分	每超时2 min扣1分，超时10 min结束考核	5分	
7	回答问题	10分	每题(两名学生分别回答知识问答项目中①、②题)10分	10分	
8	分数合计				

操作时间：　　　　　考核教师：　　　　　　　　　　　　年　月　日

实习考核工作页【03】:汽车转向系的拆装

姓名		学号		班级		组别	
姓名		学号					

实际操作项目(90分)	知识问答项目(10分)
1.填写以下内容: ①车型名称。 ②年款,行驶里程。 ③日期,车辆牌号。 2.实际操作前的准备。 ①查看举升器是否把汽车升稳。□是;□否。 ②使用的工具:	相关知识问答: ①液压助力转向系的组成。 ②电子控制助力转向系的组成及各总成的作用。

实操考核——液压转向系的拆装(时间:60 min)

序号	考核内容	配分	评分标准	总分数	得分
1	正确选择使用工具、仪器	10分	工具、仪器的选择,使用不当一次扣2分	10分	
2	实际操作的准备工作	5分	液压助力转向系放油、电子控制助力转向系应拔下插接器	5分	
3	实际操作过程	60分	正确地拆卸转向控制阀及转向器、转向助力缸、转向横拉杆等	30分	
			正确地安装转向控制阀及转向器、转向助力缸、转向横拉杆等	30分	
4	整理工具、仪器,清理现场	5分	每缺一项扣2分,最多扣5分	5分	
5	安全文明生产	5分	违章操作,发生人身和设备损伤事故,记0分	5分	
6	按时完成任务	5分	每超时2 min扣1分,超时10 min结束考核	5分	
7	回答问题	10分	每题(两名学生分别回答知识问答项目中①、②题)10分	10分	
8	分数合计				

操作时间: 　　考核教师: 　　年 月 日

实习考核工作页【04】:汽车制动系的拆装

姓名		学号		班级		组别	
姓名		学号					

实际操作项目(90分)	知识问答项目(10分)
1.填写以下内容： 　①车型名称。 　②年款,行驶里程。 　③日期,车辆牌号。 2.实际操作前的准备。 　①查看举升器是否把汽车升稳。□是；□否。 　②使用的工具：	相关知识问答： 　①液压助力制动系的组成。 　②ABS 的组成和作用。

实操考核——制动系的拆装(时间:60 min)

序号	考核内容	配分	评分标准	总分数	得分
1	正确选择使用工具、仪器	10分	工具、仪器的选择,使用不当一次扣2分	10分	
2	实际操作的准备工作	5分	制动液放油、拔下 ABS 系统插接器	5分	
3	实际操作过程	60分	正确地拆卸制动器、制动主缸、真空助力器、ABS 总成等	30分	
			正确地安装制动器、制动主缸、真空助力器、ABS 总成等	30分	
4	整理工具、仪器,清理现场	5分	每缺一项扣2分,最多扣5分	5分	
5	安全文明生产	5分	违章操作,发生人身和设备损伤事故,记 0 分	5分	
6	按时完成任务	5分	每超时 2 min 扣 1 分,超时 10 min 结束考核	5分	
7	回答问题	10分	每题(两名学生分别回答知识问答项目中①、②题)10分	10分	
8	分数合计				

操作时间：　　　　　考核教师：　　　　　　　　　　　年　月　日

第三篇　汽车底盘检测与维修实训

实训一　离合器从动盘的更换

一、实训目的和要求

　　1.了解在什么情况下应更换离合器的从动盘。
　　2.熟练掌握离合器拆卸的步骤。

二、实训设备（学生填写）

三、实训内容（学生填写）

　　1.什么时候需要更换离合器从动盘？
　　2.拆卸离合器从动盘。
　　3.离合器的组装与调整。

实训二　手动变速器齿轮油的更换

一、实训目的和要求

　　1. 了解在什么情况下应更换手动变速器齿轮油。
　　2. 熟练掌握手动变速器齿轮油更换操作步骤。

二、实训设备（学生填写）

三、实训内容（学生填写）

　　1. 什么情况下应更换手动变速器齿轮油？
　　2. 变速器润滑油量的检查。
　　3. 变速器润滑油的更换。

实训三 万向节、传动轴的检查与更换

一、实训目的和要求

1. 了解在什么情况下应对万向节和传动轴进行检查和更换。
2. 熟练掌握万向节和传动轴的检查和更换操作步骤。

二、实训设备(学生填写)

三、实训内容(学生填写)

1. 什么情况下应更换万向节和传动轴?
2. 传动轴总成的拆装(简单步骤)。
3. 传动轴总成拆装注意事项。

实训四　减震器、螺旋弹簧的检查与更换

一、实训目的和要求

1. 了解在什么情况下应更换减震器和螺旋弹簧。
2. 熟练掌握拆装减震器和螺旋弹簧的步骤。

二、实训设备（学生填写）

三、实训内容（学生填写）

1. 减震器和螺旋弹簧拆装操作流程。
2. 减震器和螺旋弹簧拆装注意事项。

实训五 车轮动平衡的检查调整

一、实训目的和要求

1. 了解什么时候需要进行车轮动平衡的检查和调整。
2. 熟练掌握车轮动平衡的检查和调整的方法及步骤。

二、实训设备（学生填写）

三、实训内容（学生填写）

1. 什么时候需要进行车轮动平衡的检查和调整？
2. 离车式车轮动平衡机检测步骤。

实训六　轮胎换位操作

一、实训目的和要求

1. 了解轮胎换位的好处。
2. 熟练掌握轮胎换位的方法和步骤。

二、实训设备（学生填写）

三、实训内容（学生填写）

1. 什么时候进行轮胎换位，轮胎换位的好处。
2. 轮胎换位的方法。

实训七　四轮定位的检查与调整

一、实训目的和要求

1. 了解什么时候需要进行四轮定位的检查和调整。
2. 熟练掌握四轮定位的检查和调整的方法与步骤。

二、实训设备（学生填写）

三、实训内容（学生填写）

1. 什么时候需要进行四轮定位的检查和调整？
2. 四轮定位检查和调整的步骤。

实训八 扒胎和装胎

一、实训目的和要求

1. 了解什么时候需要进行车轮扒胎和装胎。
2. 熟练掌握车轮扒胎和装胎的方法及步骤。

二、实训设备（学生填写）

三、实训内容（学生填写）

1. 了解什么时候需要进行车轮扒胎和装胎？
2. 扒胎的步骤。
3. 装胎的步骤。

实训九 转向助力液的检查与更换

一、实训目的和要求

1. 了解什么时候对转向助力液进行排气。
2. 了解转向助力液更换周期。
3. 熟练掌握转向助力液的检查和更换方法。

二、实训设备（学生填写）

三、实训内容（学生填写）

1. 什么时候对转向助力液进行排气？
2. 转向助力液多久更换一次？
3. 转向助力液液面的检查及调整。
4. 转向助力液的排气。
5. 转向助力液更换步骤。

实训十 制动液的检查与更换

一、实训目的和要求

1. 了解制动液的更换周期。
2. 熟练掌握制动液检查和更换的方法及步骤。
3. 了解什么时候需要对制动液进行排气。
4. 熟练掌握制动液进行排气的方法和步骤。

二、实训设备（学生填写）

三、实训内容（学生填写）

1. 什么时候需要对制动液进行排气？
2. 怎样排除液压制动系中的空气？
3. 制动液的更换周期。

实训十一 制动块的检查与更换

一、实训目的和要求

1. 了解在什么情况下应对制动块进行更换。
2. 熟练掌握制动块的更换方法及更换步骤。

二、实训设备（学生填写）

三、实训操内容（学生填写）

1. 什么情况下应对制动块进行更换？
2. 制动块更换操作流程（电子驻车）。

实训十二　真空助力器的检查与更换

一、实训目的和要求

　　1. 了解在什么情况下应对真空助力器进行检查和更换。
　　2. 熟练掌握真空助力器的检查方法及更换步骤。

二、实训设备(学生填写)

三、实训内容(学生填写)

　　1. 什么情况下应对真空助力器进行检查和更换?
　　2. 真空助力器的检查步骤。

实训十三　ABS 系统故障检修

一、实训目的和要求

1. 了解什么时候需要 ABS 系统的故障检修。
2. 熟练掌握 ABS 系统的故障检修。

二、实训设备（学生填写）

三、实训内容（学生填写）

ABS 系统的故障检修实验操作过程。

第三篇　汽车底盘检测与维修实训

附录 汽车底盘检修考核工作页

考核工作页【01】:离合器从动盘的更换

姓名		学号		班级		组别	
姓名		学号					

实际操作项目(80 分)	知识问答项目(20 分)
1.填写以下内容: ①车型名称。 ②年款,行驶里程。 ③日期,车辆牌号。 2.此车是什么原因需要更换离合器从动盘? 3.实际操作前的准备。 ①变速器是否空挡? □是;□否。 ②查看举升器是否把汽车升稳。□是;□否。 ③使用的工具: ④小型举升器的使用。	1.相关知识问答: ①什么时候需要更换离合器从动盘? ②摩擦式离合器的组成有哪些?从动盘的摩擦片磨损严重会发生哪些危害? 2.操作技能问答: 更换离合器从动盘的注意事项有哪些?

实操考核——离合器从动盘的更换(时间:60 min)

序号	考核内容	配分	评分标准	总分数	得分
1	正确选择使用工具、仪器	10 分	工具、仪器的选择,使用不当一次扣 3 分	10 分	
2	实际操作的准备工作	5 分	使发动机冷却到室温	2 分	
			打开发动机前盖	2 分	
			清洁发动机室	1 分	
3	实际操作过程	40 分	变速器的拆卸	10 分	
			离合器盖及压盘总成的拆卸	10 分	
			离合器从动盘的更换及离合器盖与压盘总成的安装	10 分	
			变速器及传动轴的安装,调离合器踏板自由行程	10 分	
4	试车	10 分	试车分析现象,排除故障	10 分	
5	整理工具、仪器,清理现场	5 分	每缺一项扣 2 分,最多扣 5 分	5 分	
6	安全文明生产	5 分	违章操作,发生人身和设备损伤事故,记 0 分	5 分	
7	按时完成任务	5 分	每超时 1 min 扣 2 分,超时 3 min 结束考核	5 分	
8	回答问题	20 分	每题(考核教师从知识问答项目中选 1 题或 2 题)20 分	20 分	
9	分数合计				

操作时间: 　　　　　考核教师: 　　　　　　　　　　年　月　日

考核工作页【02】:手动变速器齿轮油的更换

姓名		学号		班级		组别	
姓名		学号					

实际操作项目(80分)	知识问答项目(20分)
1.填写以下内容： ①车型名称。 ②年款,行驶里程。 ③日期,车辆牌号。 2.此车是什么原因需要更换变速器齿轮油？ 3.实际操作前的准备。 ①变速器是否空挡？□是；□否。 ②检查变速器的外观是否有裂纹。□是；□否。 ③查看举升器是否把汽车升稳。□是；□否。 ④使用的工具： ⑤变速器齿轮油的型号有哪些？准备多少升齿轮油？	1.相关知识问答： ①什么时候需要更换变速器齿轮油？ ②变速器齿轮油液面及油质的检查有哪些？ 2.操作技能问答： 更换变速器齿轮油的注意事项有哪些？

实操考核——手动变速器齿轮油的更换(时间:20 min)

序号	考核内容	配分	评分标准	总分数	得分
1	正确选择使用工具、仪器	10分	工具、仪器的选择,使用不当一次扣3分	10分	
2	实际操作的准备工作	5分	变速器润滑油温度达到工作温度	2分	
			打开发动机前盖	2分	
			清洁发动机室	1分	
3	实际操作过程	40分	拆卸变速器的加油孔螺栓	10分	
			拆卸变速器放油孔螺栓放油	10分	
			放净油后安装放油孔螺栓	10分	
			用专用工具加油,符合要求,安装加油孔螺栓	10分	
4	液面检查	10分	试车后,重新液面检查	10分	
5	整理工具、仪器,清理现场	5分	每缺一项扣2分,最多扣5分	5分	
6	安全文明生产	5分	违章操作,发生人身和设备损伤事故,记0分	5分	
7	按时完成任务	5分	每超时1 min扣2分,超时3 min结束考核	5分	
8	回答问题	20分	每题(考核教师从知识问答项目中选1题或2题)20分	20分	
9	分数合计				

操作时间： 考核教师： 年 月 日

考核工作页【03】：万向节、传动轴的检查与更换

姓名		学号		班级		组别	
姓名		学号					

实际操作项目(80分)	知识问答项目(20分)
1.填写以下内容： 　①车型名称。 　②年款，行驶里程。 　③日期，车辆牌号。 2.此车更换万向节和传动轴的原因？ 3.实际操作前的准备。 　①检查传动轴外观是否有裂纹、凹陷。□是；□否。 　②检查万向节的防尘罩外观是否有老化、裂纹。□是；□否。 　③查看举升器是否把汽车升稳。□是；□否。 　④使用的工具：	1.相关知识问答： 　万向节传动装置应用在汽车的哪些部位？ 2.操作技能问答： 　什么情况下需要更换万向节和传动轴？

实操考核——万向节、传动轴的检查与更换（时间：30 min）

序号	考核内容	配分	评分标准	总分数	得分
1	正确选择使用工具、仪器	10分	工具、仪器的选择，使用不当一次扣3分	10分	
2	实际操作的准备工作	5分	查看举升器是否把汽车升稳	2分	
			清洁万向节和传动轴	3分	
3	实际操作过程	40分	拆卸万向节和传动轴的方法是否正确	20分	
			安装万向节和传动轴的方法是否正确	20分	
4	重新检查	10分	试车并重新检查有无异响、故障	10分	
5	整理工具、仪器，清理现场	5分	每缺一项扣2分，最多扣5分	5分	
6	安全文明生产	5分	违章操作，发生人身和设备损伤事故，记0分	5分	
7	按时完成任务	5分	每超时1 min扣2分，超时3 min结束考核	5分	
8	回答问题	20分	每题(考核教师从知识问答项目中选1题或2题)20分	20分	
9	分数合计				

操作时间：　　　　　考核教师：　　　　　　　　　　年　月　日

考核工作页【04】:减震器、螺旋弹簧的检查和更换

姓名		学号		班级		组别	
姓名		学号					

实际操作项目(80分)	知识问答项目(20分)
1.填写以下内容: ①车型名称。 ②年款,行驶里程。 ③日期,车辆牌号。 2.此车更换减震器和螺旋弹簧的原因? 3.实际操作前的准备。 ①检查螺旋弹簧外观是否有裂纹、变形。□是;□否。 ②检查减震器外观是否损坏。 □是;□否。 ③查看举升器是否把汽车升稳。□是;□否。 ④使用的工具:	1.相关知识问答: ①车轮定位参数。 ②减震器和螺旋弹簧的作用。 2.操作技能问答: 什么情况下需要更换减震器和螺旋弹簧?

实操考核——减震器、螺旋弹簧的检查和更换(时间:30 min)

序号	考核内容	配分	评分标准	总分数	得分
1	正确选择使用工具、仪器	10分	工具、仪器的选择,使用不当一次扣3分	10分	
2	实际操作的准备工作	5分	查看举升器是否把汽车升稳	2分	
			清洁减震器和螺旋弹簧	3分	
3	实际操作过程	40分	从车上拆卸减震器和螺旋弹簧总成的方法是否正确	10分	
			拆卸减震器和螺旋弹簧的方法是否正确	10分	
			安装减震器和螺旋弹簧的方法是否正确	20分	
4	重新检查	10分	试车并重新检查有无异响,跑偏等故障	10分	
5	整理工具、仪器,清理现场	5分	每缺一项扣2分,最多扣5分	5分	
6	安全文明生产	5分	违章操作,发生人身和设备损伤事故,记0分	5分	
7	按时完成任务	5分	每超时1 min扣2分,超时3 min结束考核	5分	
8	回答问题	20分	每题(考核教师从知识问答项目中选1题或2题)20分	20分	
9	分数合计				

操作时间:	考核教师:	年 月 日

考核工作页【05】：车轮动平衡的检查和调整

姓名		学号		班级		组别	
姓名		学号					

实际操作项目(80分)	知识问答项目(20分)
1.填写以下内容： 　①车型名称。 　②年款，行驶里程。 　③日期，车辆牌号。 　④车轮规格。 2.此车为什么需要对车轮进行动平衡检查和调整？ 3.实际操作前的准备。 　①检查车轮外观是否有不正常的磨损。□是；□否。 　②检查轮胎气压是否正常。□是；□否。 　③检查轮胎花纹里是否有石子。□是；□否。 　④查看旧的平衡块是否脱落。□是；□否。 　⑤使用的工具：	1.相关知识问答： 　①车轮规格 205/60R16 代表的意义？ 　②车轮不正常磨损的种类及原因有哪些？ 2.操作技能问答： 　什么情况下需要对车轮动平衡进行检查和调整？

实操考核——车轮动平衡的检查和调整(一个车轮时间：20 min)						
序号	考核内容	配分	评分标准		总分数	得分
1	正确选择使用工具、仪器	10分	工具、仪器的选择，使用不当一次扣3分		10分	
2	实际操作的准备工作	5分	查看千斤顶是否把汽车支稳		2分	
			清洁轮胎		3分	
3	实际操作过程	50分	从车上拆卸轮胎方法是否正确		5分	
			是否检查轮胎气压		10分	
			是否拆下旧的平衡块及花纹中的石子		5分	
			是否熟练地操作轮胎动平衡机		30分	
4	整理工具、仪器，清理现场	5分	每缺一项扣2分，最多扣5分		5分	
5	安全文明生产	5分	违章操作，发生人身和设备损伤事故，记0分		5分	
6	按时完成任务	5分	每超时1 min扣2分，超时3 min结束考核		5分	
7	回答问题	20分	每题(考核教师从知识问答项目中选1题或2题)20分		20分	
8	分数合计					

操作时间：	考核教师：	年　月　日

考核工作页【06】:轮胎的换位操作

姓名		学号		班级		组别	
姓名		学号					

实际操作项目(80分)	知识问答项目(20分)
1.填写以下内容: ①车型名称。 ②年款,行驶里程。 ③日期,车辆牌号。 ④车轮规格。 2.此车为什么轮胎换位? 3.实际操作前的准备。 ①检查车轮外观是否有不正常的磨损。□是;□否。 ②检查车轮外观是否有裂纹。□是;□否。 ③检查轮胎花纹里是否有石子。□是;□否。 ④查看举升器是否把汽车升稳。□是;□否。 ⑤使用的工具:	1.相关知识问答: ①观察任意轿车轮胎,说出车轮规格代表的意义。 ②车轮的结构。 2.操作技能问答: 轮胎换位后为什么要进行轮胎气压的调整?

实操考核——轮胎的换位操作(时间:20 min)

序号	考核内容	配分	评分标准	总分数	得分
1	正确选择使用工具、仪器	10分	工具、仪器的选择,使用不当一次扣3分	10分	
2	实际操作的准备工作	5分	查看举升器是否把汽车升稳	2分	
			清洁轮胎	3分	
3	实际操作过程	40分	从车上拆卸轮胎的方法是否正确	10分	
			换位方法是否正确	10分	
			进行轮胎气压的调整	20分	
4	重新检查	10分	试车并重新检查各轮胎的拧紧力矩	10分	
5	整理工具、仪器,清理现场	5分	每缺一项扣2分,最多扣5分	5分	
6	安全文明生产	5分	违章操作,发生人身和设备损伤事故,记0分	5分	
7	按时完成任务	5分	每超时1 min扣2分,超时3 min结束考核	5分	
8	回答问题	20分	每题(考核教师从知识问答项目中选1题或2题)20分	20分	
9	分数合计				

| 操作时间: | 考核教师: | 年 月 日 |

考核工作页【07】：四轮定位的检查和调整

姓名		学号		班级		组别	
姓名		学号					

实际操作项目（80分）	知识问答项目（20分）
1.填写以下内容： 　①车型名称。 　②年款，行驶里程。 　③日期，车辆牌号。 2.此车为什么要进行四轮定位的检查和调整？ 3.实际操作前的准备。 　①观察前悬架弹簧是否有过大的裂纹、变形和损坏。□是；□否。 　②检查轮胎气压是否正常。□是；□否。 　③检查轮胎花纹里是否有石子。□是；□否。 　④查看旧的平衡块是否脱落。□是；□否。 　⑤使用的工具：	1.相关知识问答： 　四轮定位的参数有哪些？ 2.操作技能问答： 　什么情况下需要进行四轮定位的检查和调整？

实操考核——四轮定位的检查和调整（一个车轮时间：40 min）

序号	考核内容	配分	评分标准	总分数	得分
1	正确选择使用工具、仪器	10分	工具、仪器的选择，使用不当一次扣3分	10分	
2	实际操作的准备工作	5分	查看是否把汽车支稳	2分	
			清洁轮胎	3分	
3	实际操作过程	50分	从车上拆卸轮胎的方法是否正确	10分	
			是否检查轮胎气压	5分	
			调整仪器	5分	
			是否熟练地操作四轮定位机器	30分	
4	整理工具、仪器，清理现场	5分	每缺一项扣2分，最多扣5分	5分	
5	安全文明生产	5分	违章操作，发生人身和设备损伤事故，记0分	5分	
6	按时完成任务	5分	每超时1 min扣2分，超时3 min结束考核	5分	
7	回答问题	20分	每题（考核教师从知识问答项目中选1题或2题）20分	20分	
8	分数合计				

操作时间：　　　　　考核教师：　　　　　　　　　　年　月　日

考核工作页【08】：扒胎和装胎

姓名		学号		班级		组别	
姓名		学号					

实际操作项目(80分)	知识问答项目(20分)
1.填写以下内容： ①车型名称。 ②年款，行驶里程。 ③日期，车辆牌号。 ④车轮标号。 2.此车为什么要进行扒胎和装胎？ 3.实际操作前的准备。 ①检查车轮外观是否有不正常的磨损。□是；□否。 ②检查轮胎气压是否正常。□是；□否。 ③检查轮胎花纹里是否有小钉子等尖锐的异物。□是；□否。 ④使用的工具：	1.相关知识问答： 车轮标号代表的意义是什么？ 2.操作技能问答： 扒胎和装胎后为什么要进行车轮动平衡的检查调整？

实操考核——扒胎和装胎(一个车轮时间:40 min)

序号	考核内容	配分	评分标准	总分数	得分
1	正确选择使用工具、仪器	10分	工具、仪器的选择，使用不当一次扣3分	10分	
2	实际操作的准备工作	5分	查看千斤顶是否把汽车支稳	2分	
			清洁轮胎	3分	
3	实际操作过程	50分	从车上拆卸轮胎的方法是否正确	5分	
			是否熟练地进行扒胎操作	10分	
			是否会补胎	5分	
			是否熟练地操作机器进行装胎	15分	
			轮胎的充气	5分	
			车轮动平衡的检车与调整	10分	
4	整理工具、仪器，清理现场	5分	每缺一项扣2分，最多扣5分	5分	
5	安全文明生产	5分	违章操作，发生人身和设备损伤事故，记0分	5分	
6	按时完成任务	5分	每超时1 min扣2分，超时3 min结束考核	5分	
7	回答问题	20分	每题(考核教师从知识问答项目中选1题或2题)20分	20分	
8	分数合计				

操作时间： 　　考核教师： 　　　　　　　　　　年　月　日

考核工作页【09】：转向助力液的检查和更换

姓名		学号		班级		组别	
姓名		学号					

实际操作项目(80分)	知识问答项目(20分)
1.填写以下内容： 　①车型名称，发动机型号。 　②年款，行驶里程。 　③日期，车辆牌号。 2.此车是什么原因需要更换转向助力液？ 3.实际操作前的准备。 　①变速器是否空挡？□是；□否。 　②转向助力液是否有渗漏？□是；□否。 　③转向助力的油管是否老化、裂纹？□是；□否。 　④查看举升器是否把汽车升稳。□是；□否。 　⑤使用的工具： 　⑥转向助力液的型号是什么？准备多少升转向助力液？	1.相关知识问答： 　①什么时候需要更换转向助力液？ 　②转向助力液多久更换一次？ 2.操作技能问答： 　更换转向助力液后为什么要进行排气？

实操考核——转向助力液的检查和更换(时间:30 min)					
序号	考核内容	配分	评分标准	总分数	得分
1	正确选择使用工具	10分	工具、仪器的选择，使用不当一次扣3分	10分	
2	实际操作的准备工作	5分	打开发动机前盖	1分	
			清洁发动机室	2分	
			观察转向助力液是否有渗漏，油管是否老化、裂纹	2分	
3	实际操作过程	50分	放油的顺序是否正确	10分	
			动力转向液是否排净	10分	
			加油的方法是否正确	10分	
			转向助力液的排气及油面的检查	20分	
4	整理工具、仪器，清理现场	5分	每缺一项扣2分，最多扣5分	5分	
5	安全文明生产	5分	违章操作，发生人身和设备损伤事故，记0分	5分	
6	按时完成任务	5分	每超时1 min扣2分，超时3 min结束考核	5分	
7	回答问题	20分	每题(考核教师从知识问答项目中选1题或2题)20分	20分	
8	分数合计				
操作时间：	考核教师：			年　月　日	

考核工作页【10】：制动液的检查与更换

姓名		学号		班级		组别	
姓名		学号					

实际操作项目（80分）	知识问答项目（20分）
1.填写以下内容： 　①车型名称。 　②年款，行驶里程。 　③日期，车辆牌号。 2.制动液的更换周期。 3.实际操作前的准备。 　①变速器是否空挡？□是；□否。 　②制动液是否有渗漏？□是；□否。 　③制动液油管是否凹瘪、裂纹？□是；□否。 　④查看举升器是否把汽车升稳。□是；□否。 　⑤使用的工具： 　⑥准备制动液的型号是什么？准备多少升制动液？	1.相关知识问答： 　什么时候需要对制动液排气？ 2.操作技能问答： 　制动液更换后为什么要进行排气？

实操考核——制动液的检查与更换（时间：30 min）

序号	考核内容	配分	评分标准	总分数	得分
1	正确选择使用工具	10分	工具、仪器的选择，使用不当一次扣3分	10分	
2	实际操作的准备工作	5分	制动液油管是否凹瘪、裂纹	3分	
			清洁制动主缸及储液罐	2分	
3	实际操作过程	50分	放油的顺序是否正确	10分	
			制动液是否排净	10分	
			加油的方法是否正确	10分	
			制动液的排气及液面的检查	20分	
4	整理工具、仪器，清理现场	5分	每缺一项扣2分，最多扣5分	5分	
5	安全文明生产	5分	违章操作，发生人身和设备损伤事故，记0分	5分	
6	按时完成任务	5分	每超时1 min扣2分，超时3 min结束考核	5分	
7	回答问题	20分	每题（考核教师从知识问答项目中选1题或2题）20分	20分	
8	分数合计				

操作时间：　　　　　考核教师：　　　　　　　　　　　　年　月　日

考核工作页【11】：制动块的检查与更换

姓名		学号		班级		组别	
姓名		学号					

实际操作项目（80分）	知识问答项目（20分）
1.填写以下内容： 　①车型名称。 　②年款，行驶里程。 　③日期，车辆牌号。 2.此车是什么原因需要更换制动块？ 3.实际操作前的准备。 　①变速器是否空挡？□是；□否。 　②制动液是否有渗漏？□是；□否。 　③制动液油管是否凹瘪、裂纹？□是；□否。 　④查看举升器是否把汽车升稳。□是；□否。 　⑤使用的工具：	1.相关知识问答： 　①什么时候需要更换制动块？ 　②制动系统的组成？（实物） 2.操作技能问答： 　制动块更换的注意事项有哪些？

实操考核——制动块的检查与更换（时间：30 min）

序号	考核内容	配分	评分标准	总分数	得分
1	正确选择使用工具	10分	工具、仪器的选择，使用不当一次扣3分	10分	
2	实际操作的准备工作	5分	清洁车轮及车轮制动器	2分	
			制动液油管是否凹瘪、裂纹	3分	
3	实际操作过程	40分	拆卸车轮的顺序是否正确	10分	
			拆卸及检查制动块的方法否正确	10分	
			安装新制动块的方法是否正确	10分	
			制动液液面的检查调整	10分	
4	重新检查	10分	试车，检查制动效能	10分	
5	整理工具、仪器，清理现场	5分	每缺一项扣2分，最多扣5分	5分	
6	安全文明生产	5分	违章操作，发生人身和设备损伤事故，记0分	5分	
7	按时完成任务	5分	每超时1 min扣2分，超时3 min结束考核	5分	
8	回答问题	20分	每题（考核教师从知识问答项目中选1题或2题）20分	20分	
9	分数合计				

操作时间：　　　　考核教师：　　　　　　　　年　月　日

考核工作页【12】：真空助力器的检查与更换

姓名		学号		班级		组别	
姓名		学号					

实际操作项目（80分）	知识问答项目（20分）
1.填写以下内容： 　①车型名称。 　②年款，行驶里程。 　③日期，车辆牌号。 2.真空助力器损坏是什么现象？ 3.实际操作前的准备。 　①发动机是否能正常工作？□是；□否。 　②发动机水温是否正常？□是；□否。 　③查看举升器是否把汽车升稳。□是；□否。 　④变速器是否空挡位置？□是；□否。 　⑤真空助力器的真空管有无松脱或裂纹？□是；□否。	1.相关知识问答： 真空助力器的作用及安装位置？ 2.操作技能问答： 真空助力器的检查注意事项有哪些？

实操考核——真空助力器的检查与更换（时间：10 min）

序号	考核内容	配分	评分标准	总分数	得分
1	正确选择使用工具、仪器	10分	工具、仪器的选择，使用不当一次扣3分	10分	
2	实际操作的准备工作	5分	使发动机达到正常工作温度	2分	
			打开发动机前盖	2分	
			清洁发动机室	1分	
3	实际操作过程	35分	进行外观观察真空助力器及真空管	10分	
			启动发动机1~2 min	5分	
			熄火后反复踩制动踏板	10分	
			轻踏制动踏板，启动发动机	10分	
4	结果分析	15分	真空助力器是完好还是需要维修或更换	15分	
5	整理工具、仪器，清理现场	5分	每缺一项扣2分，最多扣5分	5分	
6	安全文明生产	5分	违章操作，发生人身和设备损伤事故，记0分	5分	
7	按时完成任务	5分	每超时1 min扣2分，超时2 min结束考核	5分	
8	回答问题	20分	每题（考核教师从知识问答项目中选1题或2题）20分	20分	
9	分数合计				

操作时间：　　　　　　考核教师：　　　　　　　　　　　　　　　年　月　日

考核工作页【13】：ABS 系统的故障检修

姓名		学号		班级		组别	
姓名		学号					

实际操作项目(80分)	知识问答项目(20分)
1.填写以下内容： ①车型名称。 ②年款，行驶里程。 ③日期，车辆牌号。 2.此车是什么原因需要进行 ABS 系统故障的检修？ 3.实际操作前的准备。 ①变速器是否空挡？□是；□否。 ②制动液是否有渗漏？□是；□否。 ③观察仪表上 ABS 故障指示灯是否正常。 □是；□否。 ④查看举升器是否把汽车升稳。□是；□否。 ⑤使用的工具：	1.相关知识问答： ①ABS 系统的自检。 ②常规制动系统正常的情况下，ABS 系统有故障，此车是否有制动？反之常规制动系统有故障情况下，ABS 系统正常，此车是否有制动？ 2.操作技能问答： ①什么时候需要 ABS 系统的故障检修？ ②ABS 系统的故障原因有哪些？

实操考核——ABS 系统的故障检修(时间：20 min)

序号	考核内容	配分	评分标准	总分数	得分
1	正确选择使用工具	10分	工具的选择，使用不当一次扣3分	10分	
2	实际操作的准备工作	5分	清洁车轮及车轮制动器	2分	
			制动液油管是否凹瘪、裂纹	3分	
3	实际操作过程	40分	正确连接汽车解码器	10分	
			正确读出故障码	10分	
			正确修复，排除故障	10分	
			清除故障码，再重新读故障码	10分	
4	重新检查	10分	试车，观察仪表上故障指示灯是否正常	10分	
5	整理工具、仪器，清理现场	5	每缺一项扣2分，最多扣5分	5分	
6	安全文明生产	5分	违章操作，发生人身和设备损伤事故，记0分	5分	
7	按时完成任务	5分	每超时 1 min 扣 2 分，超时 3 min 结束考核	5分	
8	回答问题	20分	每题(考核教师从知识问答项目中选1题或2题)20分	20分	
9	分数合计				

操作时间： 考核教师： 年 月 日